Niños elegidos

Cómo saber si un hijo es
ÍNDIGO, CRISTAL O SUPERDOTADO

Índice

INTRODUCCIÓN

Introducción

Muchas veces percibimos que nuestros hijos o niños cercanos a nuestras vidas poseen dotes diferentes y no responden a los patrones normales de comportamiento, entonces surgen interrogantes sobre sus condiciones. A veces hasta nos asustamos y tememos que padezcan una enfermedad, un trauma o alguna alteración. Pero solo se trata de seres particulares.

¿Estamos ante un ser especial? Y en parte es así. Estos niños del nuevo milenio surgieron hace tiempo y se han ido categorizando en índigo, cristal, superdotados y otras definiciones. Se manifiestan a partir de sus compartimientos, sus rutinas, sus capacidades, sus formas de relacionarse con el mundo, etcétera.

El propósito de este trabajo es describir quiénes son los niños índigo y cómo diferenciarlos de los cristal, los superdotados y los demás niños; describir sus características, brindar las herramientas para saber si se está en presencia de un ser que requiere una educación diferente.

Hablaremos al comienzo de algunas cualidades que los diferencian y luego ampliaremos la descripción de los niños índigo. También, vamos a detallar cómo distinguir entre un niño especial y un niño con Déficit de Atención e Hiperactividad, algo que es muy común confundir y que se trata de una gran error.

A través de estas páginas trataremos de abrir las mentes y desterrar los viejos prejuicios, para poder descubrir las formas de ser que niños traen al mundo: nuevas, mejoradas, más tolerantes y menos autoritarias.

DIFERENCIAS ENTRE ÍNDIGOS, CRISTAL Y SUPERDOTADOS

DIFERENCIAS ENTRE ÍNDIGOS, CRISTAL Y SUPERDOTADOS

La línea que marca la diferencia entre niños índigo, cristal o superdotados es muy fina y, en ocasiones, confusa. Hasta llega a confundirse a estos niños con los que padecen el Déficit de Atención e Hiperactividad (DDHA), que veremos al final de esta obra.

Para empezar vamos a ver describir, en forma genérica, las características principales de estos niños, para comenzar a entender ante qué ser estamos. Luego, conociendo los puntos que diferencian a estos seres, nos explayaremos en la descripción de los niños índigo para entenderlos y comprenderlos.

Índigo

Cuando hablamos de niños índigo, enseguida pensamos en un nuevo concepto de seres humanos, más sensibles y democráticos, que se resisten e ignoran el autoritarismo y el sentimiento de culpa inculcado por los demás, que está llegando a nuestro planeta.

Si bien son seres claramente distintos y especiales, su origen es tan terrestre como el de sus progenitores. Pero, a diferencia de estos, vienen con la misión de promover e instalar cambios en la humanidad, para transformarla en más sensible, intuitiva y creativa y menos autoritaria y manipuladora.

Bautizados como niños índigo, porque llevan ese color en el aura, un nuevo color que oscila entre el azul y el violáceo, estos chicos tienen una marcada sensibilidad, no solo espiritual: poseen también la capacidad de ver más allá de los espectros lumínicos, escuchar todo tipo de sonidos (incluso su propio fluido sanguíneo), y denotan una destacada hipersensibilidad táctil.

El aura o campo energético que emanan estos chicos tiende a reflejarse dentro de los colores añiles, azules, lo que manifiesta una vibración superior, la utilización de centros energéticos superiores.

Es por esto que se les adjudican grandes dosis de intuición, que se demuestran en el desarrollo de habilidades telepáticas, cualidades para predecir el futuro, y hasta reconocer la presencia de seres etéreos y espirituales que puedan encontrarse a su alrededor y permanezcan imperceptibles para los demás.

Además, muchos de estos chicos han llegado al mundo con el don de la sanación y esto muchos padres han podido experimentarlo: sintieron, por ejemplo, una jaqueca, y las manitas de su hijo aún bebé sobre sus cabezas los calmaban de forma casi instantánea.

Cristal

Se cree que los niños cristal pueden ser los hijos de los niños índigo, o una evolución de ellos.

Otros estudiosos creen que simplemente los niños cristal son los niños índigo que se dedican a la rama del arte.

Existen muchas similitudes entre índigos y cristal. Básicamente estos son niños:

-Con más percepción.

-Con más sensibilidad.

-Son más justos y no prejuzgan.

-Tienen un gran sentido del humor.

-Son afectuosos y perciben lo que necesitan los demás.

-Siempre ansían la paz.

-Profundizan los cambios iniciados por los niños índigo.

-Sufren alergias y son vulnerables psíquicamente.

Superdotados

Los superdotados son aquellos niños con una gran inteligencia y con un elevado coeficiente intelectual, pero muchas veces ello no tiene nada que ver con la cualidad de índigo o cristal.

Los niños superdotados reúnen algunas de las siguientes características:

-Poseen un conocimiento más amplio y profundo que el resto de sus compañeros, siendo capaces de adquirir los conocimientos de una forma más rápida y eficaz.

-Suelen ser lectores precoces y poseen una gran memoria.

-Dominan nuevas estrategias o tecnologías con una velocidad inusual.

-Generalizan los conceptos aprendidos y muestran un amplio nivel de planificación.

-Tienen la capacidad de seleccionar la información que les será útil para definir un problema.

-Posee una gran curiosidad ante tareas que les supongan un reto. Persisten en la tarea hasta que son capaces de llegar al final.

-Se aburren y muestran desinterés ante tareas simples, repetitivas o con poca dificultad.

-Comienzan a hablar antes de lo habitual.

-Son capaces de entender desde muy pequeños conversaciones de adultos.

-Usan metáforas y analogías al hablar.

-Componen canciones, escriben historias o inventan cuentos.

-Poseen una gran imaginación y fantasía.

-Aprenden antes de lo habitual a jugar con juegos.

-Muestran capacidad de liderazgo.

El desarrollo de la capacidad intelectual no debe ser un problema educativo, aunque si no se tiene en cuenta esta característica, sí puede convertirse en algo perjudicial para el niño. Por lo general esto ocurre cuando no reciben en la escuela los estímulos necesarios que requiere su capacidad intelectual y entonces se aburren. Como consecuencia, el desarrollo intelectual y afectivo de los más capaces puede sufrir seriamente y convertirse en un problema. Muchos superdotados llegan a fracasar debido a los pocos estímulos externos que reciben por una detección muy atrasada de la superdotación.

¿QUÉ SON LOS NIÑOS ÍNDIGO?

¿QUÉ SON LOS NIÑOS ÍNDIGO?

El comportamiento de los niños índigo

Es difícil hacer una presentación de las cualidades de los índigos, ya que en realidad se trata de una suma de sutiles diferencias con el resto de los seres humanos.

Pero podemos decir que un niño índigo es aquel que muestra una nueva y poco usual serie de atributos psicológicos con un patrón de comportamiento no documentado aún, que está todavía en observación, pero del que pueden establecerse algunos rasgos esenciales.

Este patrón tiene factores comunes y únicos que sugieren a quienes interactúan con los niños (los padres en particular) que deben cambiar la forma de tratarlos y de criarlos para poder lograr un equilibrio adecuado. Ignorar estos nuevos patrones de comportamiento es crear desequilibrio y gran frustración potenciales en la mente de estas preciosas nuevas vidas.

Hay varias clases de índigo, pero en la siguiente lista están dados algunos de los patrones de comportamiento más comunes:

-Los niños índigo vienen a este mundo con un sentimiento majestuoso, de saber quiénes son y exigir respeto por eso.

-Ellos están convencidos de merecer estar en este mundo y se sorprenden cuando otros no comparten eso.

-Su autoestima es muy alta, lo que les permite enfrentar las órdenes de los adultos con frecuencia.

-Ellos tienen dificultad en aceptar una autoridad absoluta sin ninguna explicación y sin alternativa.

-Hay cosas que para ellos serán muy difíciles de realizar, si se trata de cumplir órdenes arbitrarias, o comportarse ordenada y burocráticamente. Esperar en una fila es muy difícil para ellos.

-Se frustran con los viejos sistemas rituales que existen en la educación y que no requieren pensamiento creativo.

-Con frecuencia ellos encuentran mejores formas de hacer las cosas, tanto en casa como en la escuela, lo que los hace parecer rebeldes y disconformes. En realidad, después de todo, eso es lo que son.

-Con frecuencia parecen antisociales a menos que se encuentren entre niños de su misma clase.

-Si no hay a su alrededor otros niños o adultos con un nivel de conciencia similar, a menudo se tornan introvertidos, sintiendo que ningún ser humano los entiende. La escuela a menudo es muy difícil para ellos desde este punto de vista.

-No se manifiestan tímidamente a la hora de expresar lo que necesitan. No responderán a la disciplina basada en la extorsión por medio de la culpa.

¿Por qué han aparecido los niños índigo?

Estos niños llegan al planeta con la misión de aumentar el diapasón vibratorio con el que hasta ahora se ha manejado la energía de la humanidad, y poseen mejores condiciones biológicas para manejar las impurezas creadas por el hombre, incluso un potencial de cambio en su ADN.

Científicamente existe la confirmación del cambio que aportan estos chicos, manifestándose en la activación de 4 códigos más en el ADN. Lo normal en los humanos es tener 4 núcleos que, combinados en sets de 3, producen 64 patrones diferentes, llamados códigos.

Los humanos tenemos 20 de esos códigos activados que proporcionan toda la información genética, exceptuando 3 códigos, que son los códigos de arrancar y parar como si fuese una computadora.

Hasta ahora la ciencia ha considerado a estos códigos desactivados como programas remotos que hoy en día no necesitamos. Pero aparentemente los niños índigo nacen con un potencial de activación de 4 códigos más, lo que conlleva un claro fortalecimiento del sistema inmunológico. Esto ha quedado demostrado en estudios realizados en la Universidad de California (UCLA).

Algunos de estos experimentos han consistido en mezclar células extraídas a niños índigo con dosis letales de virus de Sida y con células cancerosas, que no tuvieron efecto alguno sobre las células de los infantes.

La conclusión es que estos pequeños vienen con un sistema inmunológico fortalecido, manifiestan una cierta inmunidad y un gran poder de combatividad a las enfermedades.

Características de los niños índigo

Los niños índigo nacen en todos los países y clases sociales y se caracterizan, básicamente, por poseer un nuevo estado de conciencia.

Además de esta conciencia que los diferencia hay otro tipo de rasgos.

· FÍSICAMENTE

Poseen una serie de tenues rasgos físicos que los hacen ligeramente identificables desde su aspecto exterior: tienden a ser más delgados, de grandes ojos y poseen su lóbulo frontal ligeramente abultado. Todos estos rasgos otorgan al chico un aspecto más espiritual, como de una mayor abstracción.

Por lo general son zurdos o ambidiestros y su actitud hacia la comida es más bien de desapego: comen poco y suelen rechazar la carne.

Sus cinco sentidos se encuentran altamente desarrollados demostrando una sensibilidad mayor en todos ellos.

-Auditivamente son capaces de oír decibeles más agudos, conversaciones y ruidos a distancia y les molestan los ruidos estridentes y a todo volumen.

-Visualmente pueden fácilmente ver los campos energéticos o auras de las plantas, animales y otras personas.

-Olfativamente todo lo tienen que oler y son muy definidos en los olores que les gustan o no y los detectan a distancia.

-Táctilmente son hipersensibles, les molestan los materiales sintéticos como, por ejemplo, el roce de las etiquetas y prefieren las ropas 100% naturales. Tienden a ser más zurdos o ambidiestros y tienen exceso de energía.

· EMOCIONALMENTE

Tienen dificultad para aceptar y manejar la autoridad. No aceptan las restricciones, amenazas e imposiciones, no les gusta ser mandados. De ahí que son confrontadores, retadores, tienen la determinación de hacer las cosas por sí mismos. Son altamente demócratas, con derecho a voz y voto en todas sus relaciones. Tienen poca tolerancia a la deshonestidad, o las actitudes que no son auténticas. No soportan la manipulación ni las maniobras a veces involuntariamente extorsivas que les plantean los modelos educacionales clásicos (ya sea en casa o en la escuela). Tienen en cambio un gran sentido de integridad y funcionan en base al amor y a la compasión.

Requieren la presencia continua de los padres en sus primeros años, con una actitud de "acompañar sin presionar". No les gusta que las cosas se hagan por salir del paso, desean que se les brinde calidad de tiempo con gratificaciones tangibles. Necesitan de la estabilidad adulta y de la seguridad emocional que ésta brinda.

· PSÍQUICAMENTE

Son altamente intuitivos, pudiendo incluso en algunos casos llegar a manifestar dones de telepatía y percepciones extrasensoriales.

Los niños índigo son extremadamente inquietos, les cuesta mucho trabajo quedarse en el lugar, y dan siempre la impresión de ser incansables. Tienen un alto voltaje de energía. De ahí que necesitan liberar toda esa energía moviéndose y suele calificárselos, a veces clínicamente y de manera errónea, de hiperactivos. Más adelante estableceremos las diferencias entre lo que llamamos un índigo y un chico con desórdenes de hiperactividad.

Los índigo tienden a aburrirse fácilmente de las cosas, no solo secuencial y linealmente. Solo ponen atención y concentración en aquello que es de su interés por lo que los niños índigo están teniendo muchos problemas con el sistema educativo vigente, basado prioritariamente en la memorización. Ellos aprenden participando, en forma exploratoria, donde pueden poner en juego sus dotes creativas y sus capacidades reflexivas. Les gusta ser autores, no seguidores.

Les gusta procesar la información a través de más de un sentido, entonces, no se conforman con solo ver u oír. Procesan mayor cantidad de información a través del tacto por lo que les gusta tocar los objetos que estudian, asimilar sus texturas. El simplemente copiar ejercicios, sin poder hacer aportes desde lo creativo y sensible, les molesta y les genera un inmediato desinterés.

Si bien estos chicos son muy inteligentes necesitan continuamente del apoyo emocional de los adultos que los rodean para poder expandir su inteligencia. Muchas veces se frustran fácilmente porque no encuentran eco de las grandes y originales ideas que se les ocurren y las personas o recursos necesarios para poder llevarlas a cabo.

Prefieren siempre hacer las cosas por sí mismos y solo aceptan ayuda del exterior si esta aparece como una opción elegible y no como una imposición del "saber hacer".

Los sistemas de categorización

Históricamente, los occidentales siempre han (hemos) necesitado, además de explorar y conocer exhaustivamente nuestro entorno hasta entenderlo, con los seres y las cosas que lo componen, en un segundo movimiento intelectual, juzgar este mundo sobre la base de un sistema de parámetros y codificarlo. Esto es, darle una serie de atributos de funcionamiento que lo transforme en un lugar predecible.

Y esto llevó a muchos errores, de los que aún no hemos aprendido lo suficiente.

A medida que los hombres conocían a otros hombres y otras civilizaciones sus pensamientos iniciales estaban destinados a elucidar quiénes eran semejantes al hombre conocido y quiénes eran distintos, y hasta qué punto se podía comprender y admitir esa diferencia.

Y lamentablemente esas personas que no eran como el modelo de la civilización europea en términos de color, creencias, cultura y lenguaje, fueron considerados inferiores por mucho tiempo a lo largo de la historia.

Luego, usando parámetros más científicos, se trató de categorizar a las personas por la forma de su cabeza, color de la piel, coeficiente intelectual (CI) y otras características.

Desde la antropología y la sociología se han dedicado años de estudio destinados a evaluar y codificar cómo pensamos, sentimos y actuamos.

Por ejemplo, acá van algunos modelos de los sistemas de categorización de los seres humanos:

-Pruebas de inteligencia.

-Pruebas de personalidad.

-Pruebas de memoria, etc.

-Factores psicológicos específicos (las llamadas "psicopatías" y problemas de estructuración mental).

El comienzo de este nuevo milenio señala un mayor nivel de conciencia de amor y aceptación entre la gente. Algo que hubiéramos podido aprender siglos atrás de las culturas nativas, si hubiésemos tenido la suficiente capacidad de respetarlas y entenderlas en su maravillosa diversidad, lo que nos hubiera enriquecido, en vez de considerarlas estúpidamente como culturas inferiores, lo que sólo provocó errores, sufrimiento y nuestro propio empobrecimiento.

Pero además de los sistemas de categorización tradicionales, basados en los aspectos físicos, existen los sistemas de categorización espirituales y metafísicos que tratan de clasificar a los seres humanos basados, por ejemplo, en los atributos astrológicos de su nacimiento, su energía vital o su asociación con un animal sagrado (de la tradición china y los indios americanos).

Aunque podamos tener una cierta distancia con ciencias como la astrología o los otros sistemas alternativos, no debemos rápidamente descartarlos, ya que han sido reconocidos e identificados institucionalmente como algunas creencias ancestrales que se han encontrado en muchos textos antiguos sobre estudios humanos.

Todos estos sistemas antiguos y modernos existen en principio para brindar una guía que ayude a los humanos a entender mejor a los mismos humanos.

Nancy Ann Tappe, autora del libro *"Entendiendo la vida a través del color"*, y experta en lectura del aura, identifica por primera vez el patrón del comportamiento de los niños índigo, en su libro publicado en 1982. Allí clasifica determinadas clases de comportamiento humano vinculándolas a grupos de los colores e intuitivamente crea un sorprendentemente exacto y revelador sistema de naturaleza metafísica.

El libro es, por otra parte, muy ameno y divertido de leer, y no podemos evitar identificar nuestros propios rasgos en alguna parte del sistema, planteado por la autora, riéndonos de nosotros mismos y maravillándonos de lo acertado que parece.

Las definiciones sobre el color de Nancy Tappe tienen una base intuitiva, pero también muy exacta, basada en la observación práctica. Uno de los grupos de color en su libro es el índigo (un azul violáceo), clasificación que revela un nuevo tipo de ser humano.

Cuando se le preguntó a Nancy Tappe sobre los niños con este color en el aura, ella dijo: "El del aura es el color de la vida. Yo miro el color de vida de las personas para conocer cuál es su misión aquí, en el plano de la Tierra, qué es lo que han venido a aprender, cuál es su programa de estudios. En algún momento de los ochenta, sentí que aparecerían dos colores más añadidos al sistema, porque dos habían desaparecido. Vimos desaparecer el fucsia y el magenta se volvió obsoleto. Así que pensé que esos dos colores de vida serían reemplazados. Me sorprendí al encontrar una persona fucsia en Palm Springs, porque es un color que desapareció al inicio de 1900, o eso fue lo que me dijeron.

Les decía a todos que tendríamos dos colores más, pero no sabía cuáles serían. Mientras los buscaba, 'vi' el índigo. Estaba investigando en la Universidad Estatal de San Diego, tratando de construir un perfil psicológico coherente que pudiera resistir la crítica académica. En ese tiempo, un psiquiatra llamado Dr. McGreggor trabajaba conmigo.

Estoy tratando de pensar en el nombre de otro doctor, pero no puedo hacerlo. También él trabaja en el Hospital Infantil, pero fue el primero del cual tomé nota, porque su esposa tuvo un bebé y no estaba dispuesta a tener hijos. El bebé nació con un fuerte murmullo en el corazón, y él me llamó para que fuera a ver al niño y viera lo que 'vi'. Así que fui y miré, y ahí fue cuando realmente comprobé que ese era un nuevo color que no tenía en mi sistema.

El bebé murió unas seis semanas más tarde, fue muy rápido. Esa fue la primera experiencia física que tuve y que me mostró que los niños eran diferentes. Ahí es cuando comencé a buscarlos. Dejé de enseñar en el Estado de San Diego en 1975 y sé que esto fue anterior. Realmente no le presté mayor atención hasta 1980, cuando comencé a escribir mi libro. Me tomó dos años lograr que el libro se imprimiera: 1982 para la primera edición y 1986 para la actual. Así que fue en algún momento de los setenta cuando lo noté.

En 1980 lo registré y comencé el proceso de personalización. Porque en ese entonces, teníamos algunos niños que tenían cinco, seis y siete años, y los podía observar y 'leer' su personalidad y ver de qué se trataba. Lo principal que aprendí es que ellos no tienen un plan de estudios como lo tenemos nosotros, todavía no lo tienen.

Aproximadamente a los 26, 27 años podrán observar un gran cambio en los niños índigo. El cambio será porque su propósito estará aquí. Los mayores se volverán realmente sólidos en lo que están haciendo, y los más jóvenes vendrán con claridad respecto a lo que harán en su vida. Esto suena como que todavía depende de nosotros lo que vaya a pasar. Todavía se está investigando. Por eso es que retrasé y retraso la publicación de cualquier libro sobre los índigo. [...]. Existe una tremenda necesidad de saber sobre este tema, porque la gente no entiende a los niños índigo. Ellos son niños computarizados que vienen a este mundo con cierta visualización mental de lo que es bueno. Son niños orientados hacia la tecnología, lo que significa que vamos a estar más tecnificados de lo que estamos ahora. A los 3 y 4 años estos niños entienden sobre computadoras de una forma que un adulto de 65 años no podrá hacerlo.

Son niños tecnológicos, niños nacidos para la tecnología, lo que significa que fácilmente podemos predecir lo que sucederá en los próximos diez años, tecnología que ni siquiera hemos llegado a soñar. Creo que estos niños están abriendo un portal, y nosotros llegaremos a un punto en el cual nada tendrá que trabajarse, excepto en nuestras cabezas. Ese es su propósito. Lo que veo ahora es que en algunos casos, el medio ambiente en donde estos niños se desarrollan los ha bloqueado de tal manera que algunas veces estos niños matan pero yo siempre creo en la paradoja. Necesitamos la oscuridad y necesitamos la luz para poder escoger. Sin posibilidad de escoger no hay crecimiento. Si fuéramos robots, no tendríamos libre albedrío, no tendríamos poder de elección, no habría nada. Estoy divagando, pero lo estoy haciendo por una razón.

Lo que últimamente digo a mis estudiantes es que para creer en nuestros comienzos, tenemos que creer en nuestra Biblia, que dice: 'En el comienzo era el vacío y la oscuridad profunda, y dijo Dios: Que haya Luz y hubo Luz'.

Dios no creó la oscuridad, ella siempre estuvo allá. Toda la creación fue un proceso de separación. Dios separó la noche del día, la luz de la oscuridad, la tierra del cielo, el firmamento del aire, la tierra de las aguas. Dios separó a la mujer del hombre y creó lo femenino y lo masculino. La norma de la creación es la separación por elección. Sin elección no podemos crecer.

De esta manera lo que yo veo es que nos movemos entre extremos, especialmente en la presente dimensión. Hemos tenido el más santo de los santos y el más malo de los malos. La mayoría de nosotros encajamos en el término medio, esperando ser santos mientras cometemos errores.

Lo que veo ahora es que los extremos se integran más. El más santo de los santos está entre la gente promedio y el más malo de los malos también está entre la gente promedio y este equilibrio está alcanzando un nivel más refinado.

Cuando estos niños llegan a estos extremos es porque ellos conocen muy bien su camino y cuando sienten que su misión está siendo bloqueada, lo que hacen es deshacerse de aquello que ellos consideran los está bloqueando.

Cuando nosotros éramos pequeños tuvimos pensamientos horribles de escapar pero tuvimos miedo de hacerlo. Los índigo no tienen miedo porque ellos saben quiénes son. Ellos creen en sí mismos".

La renovación de los valores

Con estos seres especiales, más sensibles e intuitivos y menos extorsionables por medio de la culpa y los castigos, la crianza y los valores que se transmitan requerirán por parte de padres y especialistas una revisión a fondo. No sirven los viejos modelos con estos nuevos seres. Debemos pensar integralmente otros.

Debemos revisar nuestra postura de adultos, como decíamos antes. Y para ello hay que tomar en cuenta, ante todo, que las criaturas de la Nueva Era no aceptan la imposición irreflexiva ni las actitudes autoritarias, rechazan la manipulación y la deshonestidad. Tampoco aceptan los viejos trucos de la disciplina basados en crear temor y culpa.

Estos niños, en cambio, prefieren ser tratados y honrados como individuos, como sujetos pensantes e independientes, donde se respeten las diferentes opiniones que puedan tener sobre el tema que se les está presentando.

De modo que, para los especialistas en educación de estos niños, la crianza y la educación emocional deben basarse en la visibilidad y transparencia.

A los niños índigo no se les debe avergonzar ni culparlos, mentirles ni gritarles. Por el contrario, hay que preservarles la autoestima. Se les debe brindar la posibilidad de elegir y, al mismo tiempo, evitar la comparación.

Debemos, si tratamos con un niño índigo, intentar estimular su excelencia, pero sin caer en los viejos modelos que estimulaban también la competencia entre los niños (con la sobreexposición emocional y la angustia que este tipo de prácticas puede acarrear).

Debemos pensar, más bien, en involucrar el buen humor y nuestra propia inteligencia de adultos.

Según los especialistas existen palabras clave durante el proceso de enseñanza de los niños, de acuerdo con su edad, basadas en las Siete Leyes Espirituales para los Padres.

Las palabras que deben orientar a los padres durante la educación de los niños

Los especialistas han estipulado una serie de palabras clave, orientadoras para la formación feliz y el desarrollo pleno de estos niños; palabras que deben usar los padres en su vínculo con los pequeños y para sí mismos, porque son conceptos elevados que los ayudarán a proponer una vida autónoma y libre, sin el tipo de ataduras que generan dolor. Estos significantes operan en la mente de los niños y la de sus acompañantes en su crianza y educación, más allá de la palabra en sí y de su concepto. Varían, por supuesto, según la edad del niño, pero su significado no se pierde, sino que unas palabras se van agregando a las que las precedieron, transformando a la educación del chico en un vínculo con los adultos de amor y de respeto.

-Hasta el primer año de vida, las palabras esenciales son amor, afecto y atención. Los padres deben regirse por estas tres palabras para basar la relación con sus bebés. A los bebés hay que tocarlos, abrazarlos, brindarles mucho amor y seguridad y, por supuesto, jugar con ellos.

-Luego, entre el primer y segundo año, hay que resaltar los términos libertad, respeto y estímulo. Durante esta etapa comienza a probarse el desapego a los padres. No hay que condicionarlos a través del temor. Es importante evitar que el chico asocie el dolor con la debilidad, lo malo o lo que debe evitarse. De lo que se trata es de ayudarlo con su crecimiento espiritual y el dolor es parte de la vida de las personas, no un castigo por lo que son.

-Entre los dos y los cinco años de edad se da la época de transición donde la pequeña psiquis del infante pasa del yo soy al yo puedo. Las palabras (y sus significados) que deben alentar a la transmisión de valores de padres a niños índigo son merecimiento, exploración y aprobación. Si le reprimimos las sensaciones de poder hacer sobre el mundo, de merecer al haber aprendido algo, el haber explorado el entorno (lo que implica un poder haberse hecho cargo de riesgos y frustración); corremos el riesgo de que no se transforme en un adulto capaz de enfrentar los retos con creatividad y valentía.

-Entre los cinco y ocho años, el niño ya está en condiciones de asimilar conceptos más abstractos. Por ello hay que manejar los términos dar, compartir, aceptación, verdad y no juzgar. A ellos les encanta compartir cuando sienten amor. Deben comprender el verdadero significado de dar, con la concepción amorosa que esto implica. En cuanto a la verdad, deben aprender que va acompañada de un sentimiento agradable y no como antesala a un problema, en caso de ocultarla. De lo que se trata es de que amen la verdad y no teman enarbolarla.

-Entre los ocho y doce años, el niño, ya casi un adolescente, requiere que los padres manejen términos como experiencia, responsabilidad y estar alerta. Si se han cumplido con los pasos anteriores de la crianza espiritual, en esta fase reflejarán la confianza de sus padres y serán niños calmos y confiados en sí mismos. De lo contrario, se sentirán confusos, cederán a las presiones de su entorno de amigos y caerán en el riego de buscar experiencias indiscriminadas.

Las escuelas, los colegios y demás centros educativos deben estar atentos para reconocer la presencia de niños índigo dentro de los salones escolares. Estos particulares alumnos no funcionarán con los métodos de enseñanza tradicionales sino que, al contrario, solo pueden aprender de forma reflexiva y participativa. Los viejos recursos, como la memorización o la disciplina extrema, son altamente contraproducentes.

Por esto, en los sistemas educativos tradicionales suele estigmatizarse a estos chicos con el rótulo de niño problema, ya que si lo que se plantea en el aula no tiene que ver con su manera de entender las cosas, se dispersa con mucha facilidad y esto puede conllevar problemas de conducta.

Enviando mensajes positivos a los niños

Todos los niños requieren un intenso y personal cuidado, atención, tiempo, ánimo y guía de parte de los adultos. En general la interacción adulto-niño necesita ser emocionalmente cariñosa, amorosa, calmada e intelectualmente clara y estimulante. Los mensajes verbales y no verbales que se les envían deben expresar alegría y bienvenida como si ellos fueran los alegres invitados en nuestras vidas y no una carga que nos impide realizarnos y hacer las cosas que queremos.

Muchas veces los adultos sienten y hablan de forma que hacen sentir a los niños como si fueran malos, o una carga o un estorbo. Esta clase de mensajes negativos son extremadamente dañinos para el crecimiento, aprendizaje y la lucha y la creatividad de los niños, quienes ven a los adultos como modelos y como su apoyo.

Los niños interpretan estos mensajes como: "Soy un niño malo", o "aquí no soy querido". Estos mensajes dolorosos de temor disminuyen la habilidad de los niños de responder y pueden ocasionar serias atrofias en su desarrollo en general.

Por el contrario, los mensajes de alegría y bienvenida son interpretados por los niños como: soy un niño bueno; mi mundo es positivo y cariñoso. Esta actitud incrementa la confianza de los niños y abre motivaciones internas para crecer, aprender, luchar y crear.

La confianza y la desconfianza

El sentimiento de confianza y seguridad en sí mismos de los niños se desarrolla eficazmente cuando sienten en sus cuerpos y en sus espíritus que sus necesidades básicas, físicas, emocionales, intelectuales y creativas están cubiertas por las personas que los cuidan y especialmente por los adultos responsables de sus jóvenes vidas.

Los mensajes que les envían los adultos deben ser más agradables que dolorosos, y deben estar basados en el amor y no en el temor. A través de la confianza se va tejiendo un vínculo de conexión mutua y el respeto amoroso entre niños y adultos.

A continuación vamos a demostrar cómo, ante una situación dada, podemos escoger qué tipo de mensajes queremos emitir a nuestros hijos. Si bien los detalles pueden cambiar para las diferentes edades y situaciones el mensaje más importante a transmitir es el de la interacción y la comunicación.

Los siguientes son momentos o situaciones que sirven de ejemplo para poder pensar cómo podemos entender nuestros errores más frecuentes y cambiar nuestras pautas de educación:

1. Nuestra hijita entra llorando y llena de barro. Ella quiere ser abrazada, busca refugio de un afuera donde se lastimó y ensució, algo la ha perturbado. Nuestra actitud adulta suele ser poco agradable, negativa: "No toques nada con esas manos. Qué desastre. No ensucies la casa que me la paso limpiando todo el día". Una actitud agradable, positiva, en cambio, pondrá el acento en la necesidad de afecto de la niña en ese momento: la abrazaremos (no importa que nuestra ropa se ensucie, nuestra hija es más importante), conversaremos con ella y la contendremos emocionalmente. Ella debe sentir que sus padres son incondicionales y que podemos brindarle refugio siempre frente a una mala experiencia (que puede ser para nosotros tan nimia como un pequeño golpe o una caída en el barro, pero para ella es muy importante).

2. Nuestro hijo se nos acerca en un momento en que estamos muy estresados o muy preocupados por algo. Una actitud negativa es poner los ojos en blanco de fastidio a medida que el niño se acerca, pensando: "Oh, aquí viene otro problema", o "Aquí está de nuevo", Oh, no, no más trabajo para mí". Y nuestro cuerpo adopta una actitud defensiva, con los hombros tensos y los labios apretados, más como para entrar en combate que para hablar con nuestro hijo. El chico notará esto y se sentirá desdichado. Una actitud agradable es ponernos una mano en el corazón y pensar en todo el amor que tenemos y queremos transmitir y compartir con nuestro hijo. De algún modo, priorizar nuestros problemas. Debemos permitir que nuestro cuerpo se relaje y nuestros ojos se suavicen. Enviémosle un mensaje de amor: eres bienvenido a mi vida. Y sepamos que la relación con nuestros hijos es más importante y trascendente que cualquier problema económico o laboral.

3. Nuestro hijo hace preguntas constantemente o necesita que se le repitan las instrucciones con más frecuencia de lo deseado (en realidad, se trata de lo que NOSOTROS deseamos). Una actitud negativa es decirle, con voz abrupta, desinteresada y disgustada cosas como: ¡Realmente me aburres! ¡No hay manera de que entiendas! Estas frases usadas constantemente pueden hacer sentir al niño que no es amado. Una actitud agradable, positiva es hacernos cargo de que nuestra voz es un instrumento para enseñar e intentar modular nuestro tono y forma de hablar. Si estamos muy enojados y estresados, es conveniente inhalar dos veces profundamente para revitalizar el oxígeno en nuestro cuerpo y así poder pensar con más claridad. Entonces intentaremos hablar más suavemente y de forma más pausada, disminuyendo la velocidad con la que lo hacemos y prestando atención a la recepción que nuestro mensaje sobre el chico está teniendo, para que sea más efectivo.

4. Nos preocupamos al ver a nuestros hijos libres, con actitudes que los van independizando cada vez más de nosotros, sueltos en el mundo, fuera de nuestro control y sin hacernos caso. Esto nos asusta un poco.

Una actitud desagradable, negativa, es gritarles vaticinándoles catástrofes: "¡No te subas a esa bicicleta de ese modo! Te vas a caer. Bájate antes de terminar en un hospital". O esta: "No hables con desconocidos. Gente peligrosa acecha en todas partes. Llámame apenas llegues. Tengo mucho miedo de que te pase algo". Nuestra actitud de estar continuamente esperando que pase lo "peor" llena a nuestros hijos de temor, de inquietud generalizada o de una constante respuesta física al peligro. Y esto degenera en estrés, con las consecuencias sobre la salud que todos conocemos. Una actitud agradable, positiva, en cambio, es estar atentos a lo que el chico necesita en materia de orientación para saber cuidar de sí mismo. La clave es acompañarlo y protegerlo sin minar la confianza en sí mismo. Si afirmamos positivamente las acciones que queremos enfatizar, las reforzaremos como buenos hábitos.

5. Hemos roto una promesa.

Una actitud desagradable, negativa, es, por no poder asumir nuestra responsabilidad, la de devolver la jugada subiendo la apuesta, con gritos: "Deja de gimotear porque no fuimos al parque como te había prometido. Ya es suficiente. A mí nadie me llevó a ninguna parte cuando tenía tu edad". Así estamos simplemente contraatacando al sentirnos en falta. Y de este modo intentamos evitar la discusión acerca de las razones –no importa cuáles puedan ser– que nos hicieron incumplir la promesa. Esto hace que los niños se sientan poco importantes, o que no se puede confiar en los adultos. Una actitud agradable, positiva, es explicarle la causa del incumplimiento, y, en lo posible, la reparación: "Estuve tan ocupado/a en otro asunto que olvidé completamente llevarte al parque. Lo lamento mucho. ¿Podemos hacer otra cosa ahora?

Como podemos ver, con un poco de paciencia y atención iremos reforzando en nuestro hijo actitudes positivas y de autoconfianza. Una vez que se han asumido estos parámetros, estaremos en condiciones de brindar al chico una educación más integral y respetuosa de su subjetividad.

¿CUÁL ES EL ORIGEN DE UN ÍNDIGO?

¿CUÁL ES EL ORIGEN DE UN ÍNDIGO?

¿Cuál es el origen de un índigo?

Sin duda, una de las grandes dificultades con las que se ha encontrado el estudio de los niños índigo, proviene justamente de su origen.

Justamente es acá dónde comienzan a divergir más profundamente las opiniones entre los psicólogos especializados y las opiniones de los esotéricos. Que, por supuesto, provienen de dos campos muy diferentes (unos, de las llamadas "ciencias aceptadas" y otros, de las llamadas "ciencias alternativas").

Existen dos percepciones frente a los niños índigo, puesto que mientras unos piensan que los índigo nacen, los otros responden que éstos pueden ser absolutamente modelados y desarrollados según una serie de estímulos a través de la educación y el trato que se les otorgue desde su nacimiento.

Consciente y discrepando del origen esotérico de los niños índigo, la psicóloga y académica de la Universidad de Chile, Isabel Fontecilla, afirma que la presencia de este tipo de niños corresponde más bien a cambios socioculturales tanto a nivel macro como intrafamiliar.

Para ella, "hoy los niños llegan al mundo por decisión parental y, los padres están preparados para tenerlos, cosa que ayuda bastante pues son vistos como personitas que requieren de amor, ser escuchados y tomados en cuenta".

En este sentido, la psicóloga sostiene que los especialistas están ahora mucho más al tanto de que los menores necesitan ser criados con cariño, respeto y firmeza, lo que es denominado por la psicología como un estilo democrático protector, ya que se sabe de acuerdo con muchas investigaciones que los niños criados en estos entornos desarrollan una buena personalidad, una excelente autoimagen, autoestima, seguridad, respeto por ellos mismos y por los demás.

"Los niños llamados índigo tienen todas las características de los pequeños criados en estos ambientes, porque en estos estilos familiares se respetan sus estados de ánimo, emociones, sentimientos, lo que dicen, opinan, la ropa que desean usar, incluso la rabia se canaliza o guía para que puedan expresarla lo mejor posiblen de esta forma, desarrollan las conductas que hoy se ve; en niños que tienen aura de color índigo", sostiene la profesional.

Respecto a la visión un tanto escéptica que otros especialistas podrían manifestar frente a este tema, la psicóloga señala: "muchos realmente no escuchan sobre esto porque se sale de lo científico, desde esta visión se niega a estos niños porque como intenté mostrarlo corresponden a la crianza que se da en la actualidad. Yo creo que como psicóloga clínica tengo la obligación de estar al día en distintos planos porque el fin es aportar a que la gente lo pase mejor desarrollándose al máximo en los distintos niveles de distinción".

Frente al rol de los padres, los padres no tienen que reconocer a un hijo índigo sino solo criarlos desde las interacciones democráticas, o sea, respeto, firmeza, respetando las habilidades del niño y facilitando que desarrolle las otras. Usando como medidas disciplinarias los mensajes o la toma de decisiones anticipadas.

La otra perspectiva, la esotérica, sitúa el origen de los índigo en una nueva era para la humanidad, que renovará la pureza energética de la especie e iluminará al mundo. Según esto, hay una entidad no materializada en la Tierra, de formas puramente magnéticas, que se pronuncia a través de canalizaciones con sujetos específicos, llamada Kryon.

Kryon, en sus primeras canalizaciones (cuando habló a partir de sujetos que podían recibir y retransmitir sus mensajes), habló de los cambios que tendrían los humanos en cuanto a su vibración energética y al uso de sus capacidades cerebrales. Anunció el advenimiento de una nueva raza, con un sistema de capas del ADN diferente y otro uso de la glándula pineal: los niños índigo.

DIFERENTES TIPOS DE NIÑOS ÍNDIGO

DIFERENTES TIPOS DE NIÑOS ÍNDIGO

Diferentes tipos de niños índigo

Desde que pudieron detectarse este tipo de niños, se han discriminado también cuatro tipos diferentes, cada uno con un propósito:

1. El humanista:

El primero de esta calificación es el índigo humanista que está destinado a trabajar directamente con la gente y su trabajo tendrá un impacto social relevante. Ellos serán médicos, abogados, profesores, ejecutivos y políticos del mañana.

Ellos servirán al entorno, trabajarán para la gente. Son muy hiperactivos y extremadamente sociables. Estos chicos, los humanistas hablan con todo el mundo, siempre en forma amigable. Su hiperactividad les puede hacer parecer, cuando aún están en la infancia, un poco torpes en el aspecto físico.

Algunas veces se estrellarán contra una pared porque olvidaron poner los frenos, pero volverán a la carga con las energías renovadas.

Ellos no saben cómo jugar con un juguete en el sentido tradicional, pero le sacarán todas las partes que contengan para ver cómo funciona, aunque probablemente después no lo vuelvan a tocar.

Son del tipo de persona al que hay que recordarles las cosas permanentemente, porque a menudo se olvidan de lo que les hemos dicho, por pura distracción. Son lectores feroces.

2. El conceptual:

Los índigo llamados conceptuales están más interesados en los proyectos que puedan diseñar, que en las personas que los rodean. Ellos serán los ingenieros, arquitectos, diseñadores, astronautas, pilotos y militares del mañana.

No son torpes, por el contrario, son niños muy atléticos. Son controladores y, de pequeños, tratan de controlar, en principio, a sus propios padres. Este tipo de índigo conlleva, por sus características personales, el riesgo de la adicción, especialmente a drogas durante la adolescencia. Sus padres deben vigilar estrechamente sus patrones de comportamiento, pero sin interferir de manera autoritaria en sus proyectos, sino hablando desde el corazón y el entendimiento profundo, como debe hablársele a un índigo. O a un niño, siempre.

3. El artista:

El índigo artista es mucho más sensible e intuitivo y expresivo. Su cuerpo a menudo es más pequeño, aunque eso no es una regla general. Están, por supuesto, más inclinados hacia el arte, son muy creativos y serán los profesores y artistas del mañana. Sea lo que sea a lo que se dediquen, siempre estarán orientados hacia el lado creativo.

Dentro del campo de la medicina, serán cirujanos o investigadores. En el campo de las artes, serán los artistas, los visionarios desde el talento y la creatividad.

Entre los 4 y los 10 años, ellos pueden involucrarse en hasta quince actividades creativas diferentes, sin dedicarle a cada una más de 5 minutos antes de sentirse seducidos por otra.

4. El multidimensional:

El índigo multidimensional suele ser de un tamaño corporal más importante que los demás índigo, desde el punto de vista de la estatura. Entre los 1 y 2 años ya empiezan a sentirse autosuficientes y sus padres ya no les podrán decir nada. Son ellos quienes podrán pensar soluciones integrales a los viejos problemas de la humanidad y traerán nuevas filosofías y espiritualidad a este mundo. De todos modos pueden llegar a convertirse en bravucones y jactanciosos porque son mucho más grandes y también porque no encajan en ningún patrón de los otros tres tipos de índigo. Debe tenerse cuidado con esto.

Los niños índigo de estos cuatro tipos creen en ellos mismos. No sienten temor ni al afuera ni a su propia sensibilidad especial. Así que cuando queramos decirle que están haciendo algo malo cuando ellos creen que no es así, ellos creerán que somos nosotros los que no sabemos de qué estamos hablando.

Así que nuestra sugerencia a los padres es que establezcan límites pero sin tener que decirles a sus hijos: "no hagan esto". En lugar, es mejor decir: "Explícame las razones por las que quieres hacer esto en vez de esto otro, que creo que sería lo mejor y tengo razones para darte". Cuando el chico le diga lo que cree que podría pasar en el transcurso de esa situación, preguntémosle si cree que podrá controlar el transcurrir de los eventos posteriores. Ante esto ellos nos explicarán cuál es la forma en que creen que pueden enfrentar el problema. Y deberemos dejar que el joven índigo haga lo que vaya a hacer, de otra forma no participará, se retraerá, a menos que sea un Humanista, y no volverá a hablar con nosotros acerca del asunto.

Desde el momento en que un niño índigo comienza a hablar, los padres deben hablar con ellos abiertamente. Podemos hablar con ellos desde que son todavía bebés en la cuna. Si vamos a cambiarle los pañales, se lo decimos: "Vamos a cambiarte el pañal ahora, esto lo hacemos para que estés cómodo y no te arda la colita. Así no lloras y los dos estaremos felices. ¿Verdad? Vamos entonces a cambiarte el pañal". Como ven, este es un mero ejemplo de cómo podemos ir acompañando todos nuestros actos hacia estos chicos, para que ellos entiendan la razón de nuestras acciones y a la vez vamos generando un vínculo basado en el diálogo y el entendimiento.

Estos niños deben ser tratados como adultos, o, mejor dicho, como personas con uso de su raciocinio y capacidad de diálogo y de comprensión desde el inicio de su vida. Nunca debemos impedirles que se expresen. Ellos no respetan a la gente por su pelo gris o sus arrugas, sino por su capacidad de raciocinio, argumentación e inteligencia.

El respeto de estos niños debe ganarse palmo a palmo. No es algo que venga simplemente de manera natural, por una cuestión de escalafón social o familiar. No nos respetarán solo por ser sus padres. Debemos escucharlos y saber qué necesitan.

Estos niños, como todos los seres humanos pero en ellos se da de una forma más aguda, necesitan ser escuchados. Son muy susceptibles y sensibles ante los abusos y las ofensas.

Si usted se sobrepasa con un niño índigo ellos lo denunciarán ante sus profesores o llamarán a la policía. Estamos seguros de que en alguna ocasión usted habrá escuchado en los últimos tiempos de niños de dos y tres años que han logrado salvar a sus padres, o resolver una emergencia por haber llamado oportunamente a la policía o cosas de esta naturaleza. Si estos niños son maltratados automáticamente denunciarán el hecho ante las autoridades.

Los niños índigo vienen a formar un puente, de alguna manera, entre la tercera dimensión, la que habitamos y la cuarta. La tercera dimensión es donde se ubica la razón, la dimensión del pensamiento. La cuarta, en cambio, es la dimensión del ser integral, sin limitaciones ni ataduras espacio temporales.

Nuestra cultura nos habla siempre acerca del amor y el honor, la paz, la felicidad, pero rara vez llegamos a ejercerlos en su total potencialidad. Estamos mejorando de a poco pero en la cuarta dimensión practicaremos más el ejercer un ser superior, menos atado a las ligaduras. En nuestros días, en que se vislumbra una apertura hacia la realidad esencial, estamos empezando a reconocer que la guerra es estéril, inútil y que oprimir a alguien es solo otra forma de matarnos a nosotros mismos. Nosotros lo estamos aprendiendo, pero estos niños ya nacen sabiéndolo de forma integral e intuitiva.

Características adicionales que identifican a los índigo:

Hay un cierto acuerdo general sobre las características que, desde las disciplinas que hablan del tema, y de las que ya se establecieron en forma precedente, se establecen para identificar si un niño es un niño índigo.
Estas son:

-Posee una gran sensibilidad y una gran intuición para captar estados emocionales, propios y ajenos.

-Tiene una gran energía, a veces en exceso, que si no está bien encausada puede agotar a padres y maestros.

-Se distrae fácilmente o tiene bajo poder de concentración, sobre todo si no es tratado de manera individual (por ejemplo, en el aula).

-Necesita adultos emocionalmente estables y seguros a su alrededor, sobre todo en sus primeros años.

-No obedece porque sí y se resiste a la autoridad si ésta no está democráticamente o racionalmente orientada.

-Prefiere y ensaya otras formas de aprendizaje, más allá de las establecidas por el sistema educativo –para la lectura y las matemáticas en particular.

-Puede sufrir rabia o frustración porque tiene grandes ideas pero pocos recursos o personas dispuestas a ayudarle a realizarlas.

-Aprende a un nivel exploratorio, y se resiste a memorizar mecánicamente o a ser un mero oyente o espectador de los procesos de enseñanza-aprendizaje.

-Es inquieto y le cuesta mucho permanecer atento. No dura mucho tiempo sentado a menos que esté absorto en un tema de su interés.

-Es sensible y muy compasivo hacia el entorno y los más débiles, por su natural empatía con las sensaciones ajenas.

-Tiene muchos miedos, que no son comunes en personas de su edad, tales como a la muerte y a la pérdida de sus seres queridos.

-Por su extrema sensibilidad, sus fracasos iniciales pueden representar el peligro de generarles un bloqueo duradero o permanente. Deben ser estimulados a seguir.

¿Son más inteligentes?

Dentro de la discusión que se está dando en la actualidad sobre los índigo, otros fenómenos están ocurriendo.

Todos los padres queremos pensar que nuestro hijo es más inteligente que el común de los otros niños. Los informes actuales confirman que así es.

La norma, parece, que ha cambiado, presentando un nuevo paradigma en la evaluación de los niños.

¿Siente usted que su niño es realmente más inteligente de lo que usted fue o de lo que fueron los otros niños que usted crió?

Puede ser que la condición de "inteligente" se haya diagnosticado como problema en el pasado, cuando en realidad es una ventaja.

Pero de todos modos, a veces tenemos la sensación de que el mundo no está preparado para albergar a "cabezas distintas" o mentes más abiertas a los cambios y que saben encontrar la resolución a los problemas que se presentan por sí mismos, sin recurrir a manuales o a fórmulas gastadas.

¿Podrían los "inteligentes" estar causando disfunción? ¿Cómo lo sabremos? ¿No están las escuelas preparadas para los niños inteligentes?

¿Son los índigo más inteligentes que lo que la mayoría de nosotros, sus padres, lo fuimos a su edad? ¿Es por eso que los niños índigo, o como quiera llamarlos, vienen con una nueva inteligencia y sabiduría?

Existe evidencia de que los niños de hoy están mentalmente mejor equipados y que las escuelas no están aún preparadas para recibirlos.

Es muy común escuchar los lamentos acerca de que las habilidades educativas de los niños están declinando y que las escuelas están fracasando en preparar a estos niños para afrontar las situaciones críticas de la vida. Por otra parte, expertos en psicometría han descubierto una curiosa tendencia que contradice los lamentos.

Los puntajes de CI (cociente intelectual) han mostrado un alza sorprendente en los últimos cincuenta años y los puntajes entre estudiantes blancos y estudiantes de las minorías raciales están convergiendo.

Para discutir los atributos del CI en relación con la inteligencia del niño índigo, tenemos a la Dra. Doreen Virtue, quien además de su gran interés por los niños es una renombrada escritora, autora del libro *The lightworker´s way and divine guidance*. Sus profundos estudios científicos combinados con un pensamiento metafísico, le han merecido el reconocimiento de varias revistas internacionales.

Ella nos dice:

"Sabemos que los niños índigo nacen trayendo bajo su manga los dones divinos. La mayoría de ellos son filósofos por naturaleza que piensan sobre el significado de la vida y cómo salvar al planeta. Ellos son inherentemente científicos, inventores y artistas pero nuestra sociedad construida con la vieja energía está reprimiendo los dones naturales de los niños índigo.

[...] A muchos de estos niños dotados los están clasificando como niños con desórdenes de deficiencia de atención (add) y muchos padres no se dan cuenta de que su hijo puede ser un niño potencialmente dotado".

Las siguientes características le pueden ayudar a identificar a un niño dotado:

-tiene gran sensibilidad.
-tiene energía en exceso.
-se aburre fácilmente, mostrando períodos muy cortos de atención.
-necesita adultos emocionalmente estables y seguros a su alrededor.
-puede resistirse a la autoridad si ésta no está democráticamente orientada.
-prefiere otras formas de aprender -la lectura y las matemáticas particularmente.

-puede frustrarse fácilmente porque tiene grandes ideas pero pocos recursos o personas dispuestas a ayudarle a realizarlas.

-aprende fácilmente a un nivel exploratorio y se resiste a aprender de memoria o escuchando solamente.

-no dura mucho tiempo sentado a menos que esté absorto en un tema de su interés.

-es muy compasivo y tiene muchos temores como a la muerte y a la pérdida de sus seres queridos.

-si experimenta fracasos a edad muy temprana, puede llegar a desarrollar bloqueos de aprendizaje permanentes.

TIPS PARA ENTENDER A LOS NIÑOS ÍNDIGO

TIPS PARA ENTENDER A LOS NIÑOS ÍNDIGO

Problemas que los índigo pueden experimentar

Además de las características sobre los índigo que ya citamos, hay situaciones tensionales que pueden ponerlos en riesgo, esto debido a la extrema sensibilidad de su percepción y a la claridad y firmeza con que su "yo" se expresa, o quiere expresarse, en el mundo.

-Exigen mucha atención y sienten que la vida es demasiado valiosa para dejarla pasar, lo que puede generarles una especie de "sufrimiento existencial".

-Quieren que las cosas sucedan y con frecuencia fuerzan una situación a fin de obtener lo deseado, sin respetar los pasos de la vieja lógica de acción.

-Pueden llegar a irritarse emocionalmente por quienes no entienden el fenómeno índigo.

-Ellos no pueden entender por qué las personas operan en modalidades no basadas en el amor. Aún así, son extremadamente resistentes y hábiles para ayudar a niños necesitados aunque su ayuda a menudo sea rechazada. Y esto puede reforzar las actitudes de autoencierro y sentimientos de soledad.

-En la juventud pueden tener problemas de adaptación con otros chicos de su edad.

Además, y por varias de sus características primordiales, esta clase especial de niños a menudo son diagnosticados con desórdenes de atención (ADD – Attention Deficit Disorder) o alguna forma de hiperactividad.

¿Cómo tratar con ellos?

Hay algunas reglas básicas que debemos tener en cuenta para no perdernos el brillo de estos niños.

-Debemos tratar a estos niños con respeto. En realidad, como hay que tratar a todo el mundo, pero estos niños son aún mas sensibles a los maltratos.

-Respetar y celebrar su existencia en la familia, haciéndoles saber que han sido deseados y que son muy queridos por nosotros, nunca deben sentir que son un estorbo.

-Debe ayudárseles a crear un sistema consensuado de disciplina, deben entender por qué hay situaciones que deben evitarse y esa transgresión debe ser castigada.

-Siempre deben sentir que, frente a una situación, ellos tienen opciones y libertad de elegir entre ellas.

-Nunca el trato debe ser despectivo, desde un lugar inalcanzable que sólo amerita adultez.

-Siempre deben conocer el porqué de las instrucciones que les son impartidas. Escuche sus demandas y tranquilamente hágale saber el motivo de la orden que les está impartiendo.

-La característica principal de estos niños es la honestidad. Lo mejor que podemos hacer con ellos es ser tan honestos y transparentes como podamos.

-Lo mejor es convertirlos en socios y parte de su propia crianza, o mejor dicho, de su evolución hacia seres humanos adultos especiales y creativos.

-Deben sentirse seguros, y esto lo consiguen cuando sienten que cuentan con nuestro apoyo incondicional.

-Las críticas nunca deben ser tan negativas que sean destructivas, siempre es mejor el ejemplo "por la positiva".

-Ellos crecerán de acuerdo con las verbalizaciones que indicamos antes y nos sorprenderán en el proceso que los lleva a la maduración.

-No debemos marcarlos diciéndoles quiénes son, ni quiénes serán en el futuro. Eso los condiciona y estos niños no deben estar condicionados. Dejemos que ellos decidan lo que les interesa.

Consejos para la relación con los índigo

Los chicos índigo son abiertos y honestos –y aunque no estemos acostumbrados, debemos entender esto no como una debilidad, sino como la mayor fortaleza. Si no somos del mismo modo, es decir honestos y abiertos con ellos, ellos seguirán siendo los mismos con nosotros pero no nos tendrán respeto.

El aburrimiento puede traer arrogancia en los índigo, así que no dejen que se aburran. Si los chicos actúan con arrogancia, significa que necesitan un nuevo desafío y nuevos límites. Alimente sus cerebros y manténgalos ocupados de la mejor forma posible.

Los padres, maestros y auxiliares tienen que ser capaces de establecer y mantener límites claros, y sin embargo, lo suficientemente flexibles para cambiar y ajustar esos límites cuando sea necesario, basados en el crecimiento emocional/mental, pues los índigo crecen rápido. Ser firmes, pero justos, es necesario para el bien de ellos y el nuestro.

El mensaje dado y transmitido por los adultos debe ser más placentero que doloroso, y más basado en el amor que en el miedo.

-Mantenga al niño informado e involucrado en los asuntos que le conciernen, relativos a la vida cotidiana y a la su educación.

-Evite malentendidos simplemente dando explicaciones, sobre todo si estas son solicitadas.

-No pierda la paciencia con su niño; reitere, con voz pausada y fundamentalmente escuchándolo, las explicaciones todas las veces que sea necesario.

-Evite dar órdenes (verbos en imperativo) sino más bien solicite las cosas de manera amable. Del mismo modo que le gustaría que se las pidieran a usted.

-En vez de usar órdenes verbales, use el tacto para llamar su atención. Toque a su hijo con amor y cuidado: él se sentirá amado y podrá desplegar sus potencialidades.

-Ellos son muy sensibles al contacto (toque en el hombro, apretón de manos, abrazo, etc.), de modo que si quiere mantener su atención en una explicación es a veces recomendable que la refuerce con una mano sobre el hombro del chico, o sosteniendo su cara, amorosamente.

-Mantenga su palabra. Cumpla sus promesas y si por razones de fuerza mayor no puede cumplirlas bríndele las explicaciones del caso, que el chico merece.

-No se comporte como una persona que esconde cosas ni use lenguaje ofensivo.

-Deje que sus emociones le muestren amor y comprensión, y no resentimiento.

-Discuta la situación generadora de la reprimenda después de ésta.

-Después de la situación que se ha presentado, siempre acérquese al niño y vea si hubo un aprendizaje y crecimiento tras la reprimenda.

Es importante recordar que el castigo no funcionará con estos niños. El castigo es diferente de la reprimenda. El castigo está basado en la culpa, mientras que la reprimenda se basa en la idea de incentivar un cambio que implique el crecimiento y mejoramiento de la respuesta personal en el futuro.

Los índigo y el control emocional

A veces ante una situación que nos desborda, o que no podemos manejar, los seres humanos sentimos frustración y rabia. Esta es una emoción perfectamente normal, que todos, grandes o pequeños, hemos sentido alguna vez.

De todos modos, el hecho de que sea normal no quiere decir que su origen sea "natural". La rabia no viene con nosotros al mundo sino que es un camino que tomamos, algo que aprendemos, es normal porque la mayoría de la gente la ha experimentado, pero no hemos nacido con este sentimiento, sino que lo hemos aprendido del entorno.

A medida que los niños índigo van creciendo podemos observar en su conducta que son presa de un sentimiento de furia y frustración que les cuesta reprimir. Y nosotros, adultos que los estamos acompañando en su proceso de crecimiento, somos muchas veces presa de esta emoción negativa, que no ayuda en nada al buen desenvolvimiento del ser.

Para entender esta manifestación posible se requiere entender el proceso del enojo.

El enojo es una emoción que se nutre de necesidades insatisfechas cuyos pilares están fundamentados en la injusticia, impotencia, en pensamientos de exigencia y de culpa.

Las manifestaciones de rabia física expuesta al exterior se notan en gesticulaciones de contracción en el cuerpo como puños cerrados, en tensión muscular de la cara reflejada en ceño fruncido, muecas con la boca, chasquidos de dientes, contracción de la mandíbula, ojos desorbitados, tensión en las cuerdas vocales expresándose en el subir del tono de la voz, grito, atropello o abuso verbal y un mayor riego sanguíneo que aumenta la temperatura.

Este tipo de actitudes y expresiones físicas pueden haberse visto inicialmente en el círculo familiar primario, como son los padres, hermanos; en el secundario, como son los abuelos, tíos, demás familiares y/o en el terciario, que es el medio ambiente, el colegio, la televisión y otros medios de comunicación. Por supuesto que cuanto más cercano sea el sujeto que brinda su ejemplo, mayor es la influencia. La influencia se minimiza en cambio a medida que el círculo se aleja del entorno inmediato del niño.

Si nosotros, los adultos, reaccionamos visceralmente a los estímulos, sin ejemplificar con calma, los niños aprenden que esa conducta es la adecuada y la copian accionándola cuando se sienten frustrados y las cosas no les salen como ellos desean y esperan.

Nuestra reacción les ha dado un patrón, una forma de percibir los hechos. Los niños aprenden con el ejemplo y con este ejemplo le hemos proporcionado una evaluación del estímulo que luego van a imitar.

La explosión rabiosa o la exteriorización violenta de las formas de enojo debe estar enviándonos una señal de que no estamos resolviendo de forma adecuada un aspecto emocional de nuestra vida. Por esto, si actuamos con calma ante una situación de frustración le estaremos dando el mejor ejemplo, la mejor herramienta para manejar las tensiones en el futuro.

En el índigo, el contraste forma parte de su cotidianeidad de una manera más marcada que para el resto de la gente. Ya que por sus características más espirituales, vive emociones fuertes entre lo que su inteligencia espiritual le proporciona y lo que capta de su entorno material. Capta multidimensionalmente energías de otras dimensiones más sutiles que lo confrontan con la densidad de la realidad de tercera dimensión y esto le hace sentir un combate energético en su interior.

A los niños índigo les cuesta manejar la densidad del cuerpo, lo sienten como un freno a su sutileza, sus pensamientos son más veloces que su articulación y sienten impotencia con las herramientas de comunicación como leer, escribir, repetir, pues son métodos muy lentos para su propia velocidad de vibración.

También les cuesta poner en práctica la paciencia pues en sus mundos sutiles la manifestación del deseo o de la intención es inmediata, el tiempo entre estímulo y respuesta no se hace esperar.

En cambio, entre nosotros, torpemente lastrados en una tercera dimensión convencional el impulso se demora.

Los pensamientos de exigencia que activan la rabia en el caso de estos chicos son más altruistas porque evidencian su deseo de que podamos evolucionar, de que podamos quitarnos la venda de los ojos, esa venda de ignorancia que nos impide saber quiénes somos para percatarnos de nuestra esencia y actuar de acuerdo con ella.

Para poder ver la realidad de nuestra energía requerimos hacer el esfuerzo de desembarazarnos de las emociones que nos anclan, como el temor.

Y los niños índigo no son prisioneros del temor, como nosotros. Ellos ya han evolucionado en su percepción y su sensibilidad. Por lo tanto, nos confrontan con el miedo en la cotidianeidad no haciendo caso a las amenazas, coerciones, castigos que les tratamos de imponer fruto de la necesidad de control, producto de la misma emoción.

Ellos conocen otra realidad y vienen a ofrecerla y sienten impaciencia por hacerlo pronto. Su exigencia está basada en la premisa de que ya "no hay tiempo" que perder permaneciendo en la oscuridad. La impotencia que sienten es por encontrar muchas condiciones impuestas en los hogares, colegios, que los pretenden atar a exigencias que para ellos ya son obsoletas, absurdas, como tener que aprender de memoria las lecciones, perder tiempo en la repetición de detalles cuando su visión es más del todo, holística.

Su sentido de urgencia alimenta su impotencia. Por esto, en su vocabulario la palabra injusticia es recurrente. La expresión "no es justo" está en sus pensamientos porque la realidad material y sensible que le toca vivir choca con su profunda necesidad de ser respetado desde pequeño, de vivir un sistema horizontal no vertical y de participación.

Cuando tenemos en cuenta, dentro de nuestras posibilidades, claro está, este tipo de necesidades de los chicos, observamos que fluyen más en función de su misión de vida, hay menos confrontaciones con los adultos pues los sienten sus aliados, asistentes, para llevar a cabo su propósito de vida.

Por todo esto, lo recomendable es que el adulto articule la presencia de la emoción de enojo en ellos, por ejemplo: "Parece que estás muy enojado", en vez de coartar la emoción y reprimirla como "¿Cómo se te ocurre enojarte de ese modo?". Luego debemos permitir al niño descargar sus tensiones físicas, musculares, con actividades corporales sanas: corriendo, jugando a la pelota, de forma que los músculos liberen la tensión a través del movimiento y pueda relajarse.

Las acciones físicas sanas y bien guiadas sobre el entorno son la mejor manera de canalizar los sentimientos asfixiantes de enojo y frustración.

De manera contraria, si hacemos caso omiso de este tipo de manifestaciones y su origen vamos cerrando su conexión con su inteligencia espiritual, por culpa de nuestra incapacidad de innovar y la imposición de nuestros criterios.

Nuestra misión como padres o docentes (o, muchas veces, padres y docentes a la vez) de estos chicos es ser un puente entre esa particular sensibilidad e inteligencia para ayudarlos a canalizarla y que esta sea útil a la humanidad. Para lograr esto en principio debemos reconocer que en su experiencia dentro de la tridimensionalidad en la que estamos apresados absorben los modismos que nosotros hemos ejemplificado, voluntaria o involuntariamente para ellos.

El predicar con un ejemplo paciente y tolerante, que permita expresar los sentimientos de un manera canalizadora y no violenta, no solo los ayuda a ellos sino también a nosotros.

Las necesidades en la escuela de los niños índigo

Como padres, y, sobre todo, como personas que quieren a sus hijos, nos preguntaremos continuamente si las necesidades de nuestros niños especiales están siendo debidamente atendidas, tanto en casa como en los establecimientos educacionales.

Los chicos, en general, y en particular, los índigo por su sensibilidad mayor necesitan seguridad, atención, respeto, dignidad y un lugar seguro donde se sientan pertenecer.

Los autores Jan Tobber y Lee Carrol elaboraron una serie de preguntas que permitirán a los padres orientarse para saber si están en el camino correcto en cuanto a la elección de escuela:

1. ¿La escuela de su hijo tiene un plan disciplinario? ¿Acostumbran sacar a los niños del salón o los suspenden como solución a problemas de mal comportamiento? Si es así, usted, como padre, puede sugerirles alternativas.

2. ¿Cuál es la atmósfera en el salón de clase de su hijo? ¿El trabajo de los niños se exhibe en las paredes del aula? ¿Saluda el profesor a los niños con respeto? ¿Elogia el profesor a los estudiantes desde un enfoque positivo?

3. ¿En forma positiva permite el profesor que los estudiantes desplieguen actitudes de poder y responsabilidad, tales como designar estudiantes como sus colaboradores, tareas especiales, un salón de la fama, etc.?

4. ¿Divide el profesor las tareas para no sobrecargar a los estudiantes? Los estudiantes con problemas de atención necesitan ir paso a paso, de una tarea a otra y pueden requerir signos visuales tales como un tablero con estrellas donde se muestre en cuánto tiempo han terminado una tarea. Así, si ellos tienen muchas estrellas significa que tienen tiempo libre para usar a su voluntad o en otro proyecto.

5. ¿Conocen los niños el propósito de las tareas? ¿Si un niño pregunta por qué tiene que hacer una tarea, el profesor le proporciona una amigable explicación o solo las consecuencias si no la hace?

6. ¿Si los estudiantes tienen dificultad en entender un tema, el profesor adapta el material o lo modifica de manera que el estudiante pueda terminar el trabajo junto con el resto de los estudiantes en la clase?

7. ¿Si los niños no prestan atención a la clase, se les aparta de la persona o el objeto que distrae su atención? ¿Son mantenidos alejados de las actividades de la clase, o se sienten avergonzados y desconectados del grupo?

8. ¿Se concentra el profesor en informar solo los problemas y no la conducta positiva del niño?

9. ¿Tiene usted una libreta de comunicaciones que el profesor firma diariamente y que le permite a usted conocer cómo le está yendo a su hijo en la escuela y está al tanto de todos los cambios positivos? Examine esta libreta diariamente y tenga conversaciones positivas con el niño sobre su comportamiento en la escuela.

10. ¿Cuál es su visión sobre la educación? ¿Es importante? ¿Colabora, usted, con el personal de la escuela? ¿No le gusta el profesor que tiene su hijo? ¿Ha criticado usted al profesor delante de su hijo?

Las necesidades del índigo en casa

Las siguientes preguntas se formulan para que Ud. pueda preguntarse si las necesidades de su hijo están siendo tenidas en cuenta en su propia casa.

1. ¿Siente, usted, que la opinión de sus hijos es valiosa y que usted puede aprender de ellos? ¿O sencillamente usted está siempre enseñando y sermoneando en su relación?

2. ¿Escucha, usted, a sus hijos y se divierte con ellos? ¿Permite, usted, a su niño interior jugar con sus hijos?

3. ¿Respeta, usted, la privacidad y el espacio personal de sus hijos?

4. ¿Les explica las razones que algunas veces tiene usted para tomar ciertas decisiones?

5. ¿Con frecuencia alaba a su hijo y le ofrece tres cumplidos por cada critica que le hace?

6. ¿Enseña usted a su hijo a tener respeto y compasión por otras personas?

7. ¿Dedica usted tiempo a explicar a su hijo sobre diferentes aspectos del mundo como por qué necesitamos la lluvia? ¿Les escucha usted cuando ellos tratan de explicarle a usted sus propios puntos de vista sobre el mundo? Escuche sus explicaciones con atención aún si usted ya conoce esta información.

8. ¿Hace usted cosas por sus hijos que ellos pueden hacer por sí mismos?

9. ¿Tiene usted reuniones regulares con toda la familia para discutir las responsabilidades de cada uno y planificar salidas divertidas con el grupo? ¿Juegan sus hijos un papel importante durante estas reuniones y participan en la toma de decisiones? ¿Acuerdan en estas reuniones las consecuencias de ciertos malos comportamientos y el privilegio que se logra con los buenos?

10. ¿Escucha, usted, a sus hijos cuando se quejan de soledad y depresión o de sentimientos de aislamiento? ¿O disminuye, usted, la importancia de estos sentimientos por creerlos una fase pasajera en su desarrollo?

11. ¿Alimenta, usted, a sus niños con excesivas cantidades de azúcar y de conservantes? ¿Sufren los niños alguna alergia o muestran signos de hiperactividad después de ingerir ciertos alimentos?

Ayurveda para niños

Deepak Chopra es, quizás, uno de los autores más conocidos en el campo de la autosuperación. Entre otras cosas, el Dr. Chopra enseña una ciencia de cinco mil años de antigüedad llamada Ayurveda. Un proceso que está barriendo el planeta en un resurgimiento de su sabia aplicación a la salud y la vida diaria.

Estos principios ancestrales, volcados a la educación de los índigo, proporcionan una guía de acceso a la espiritualidad, en un proceso que enriquece tanto a padres como a hijos, inspirados, entre otras cosas, en los principios del yoga.

Los siete secretos ayurvédicos para la crianza de un niño saludable y feliz:

1. El primer secreto es el cuidado de su bebé en la matriz, desde el momento de la concepción. Practique un estilo de vida balanceado ejercitándose con moderación, alimentándose bien, descansando lo suficiente y autoeducándose.

2. El segundo secreto es conocer el tipo de mente y cuerpo de su bebé (el dosha). El conocimiento sobre los tipos de mente y cuerpo se deriva de la "Ciencia de la Vida" del Ayurveda, desarrollada hace cinco mil años en la India. Para aprender a conocer la mente y el cuerpo de su bebé, observe sus patrones de sueño y de alimentación, su sensibilidad a la luz y al ruido y la forma de interactuar con otros niños.

3. El tercer secreto es aprender el balance entre cómo centrarse usted mismo y cómo calmar y tranquilizar a su bebé o niño. La

mejor forma de hacerlo es a través de algún tipo de meditación ya sea vocal o silenciosa. Aunque los niños no necesitan meditar, sí requieren de medios para centrarse y calmarse ellos mismos. Otra forma de lograr este objetivo es a través de lo sentidos, usando la música, caminatas al aire libre, aroma terapia, o el gusto.

4. El cuarto secreto es el masaje diario en el cuerpo que ayuda a la correcta digestión del bebé y le brinda resistencia a las enfermedades, mejorando además sus hábitos de sueño y el tono muscular. El masaje para niños más grandes y para los adultos ayuda a aliviar la tensión muscular y activa la producción de endorfinas bajo la piel, que lo hacen sentir bien.

5. El quinto secreto es iniciar a su niño en las técnicas del Yoga y de la respiración así como a sus hijos mayores. Esta práctica de por vida proporciona viveza y buena coordinación, regula el hambre, la sed, el sueño y la digestión.

6. El sexto secreto es escoger las opciones nutricionistas que mejor se adecuen a los diferentes tipos de mente y cuerpo.

7. El séptimo secreto es usar el descanso, el masaje, las técnicas y las dietas que faciliten el parto y la depresión posparto que le permitan educarse a usted y a su bebé.

Educando a su bebé y siguiendo estos consejos, usted y su bebé disfrutarán de vidas más estables y pacíficas.

La importancia del contacto con la piel

Ancestralmente se supo que las caricias y el contacto entre la mamá y el bebé, o el amor reforzado en caricias ayudaba a que los niños crecieran sanos y emocionalmente estables.

Pero hay ahora investigaciones científicas que corroboran esto: en julio de 1998 la revista *Time* publicó un artículo titulado: "Toque desde temprano y con frecuencia", donde Tammerlin Drummond nos da la siguiente información: "Estudios del Instituto de Investigación del Tacto han encontrado que masajear a los prematuros tres veces al día durante 5 días consecutivos los nutre más que a aquellos bebés igualmente débiles que no reciben masajes. Esto no solo se aplica a prematuros: niños nacidos a tiempo y otros de más edad también se benefician del masaje".

En el mismo artículo se menciona a la Dra. Tifanny Field, una psicóloga de Miami que fundó el Instituto de Investigaciones del Tacto. Ella dice que el masaje estimula el nervio vagus, el cual dispara los procesos que ayudan a la digestión, que a su vez permite un rápido aumento de peso. Ocho meses más tarde los niños prematuros muestran habilidades motrices y desarrollo mental superiores a los chicos nacidos incluso en mejores condiciones, pero sin el estímulo mencionado.

Demás está entonces aclarar la importancia que esta actitud, de acariciar amorosamente, de tener un contacto con la piel y el cuerpo de nuestro hijo cuando es un bebé, si el bebé es un niño índigo, generará el desarrollo de sus potencialidades. Un niño acariciado se siente contenido, amado, seguro de sí.

Mucho más si tiene la sensibilidad táctil especial que tienen los índigo y su capacidad de decodificar los mensajes que transmiten las terminales nerviosas de la epidermis.

Problemas de los métodos educacionales en las escuelas

En la educación y al elegir una escuela, debemos tener en mente que debemos enseñar a los niños cómo pensar y no qué pensar. Nuestro papel no es transmitir conocimiento, sino transmitir sabiduría. La sabiduría es el conocimiento aplicado, y es además la capacidad de abrir la mente y aprehender. Aprender no solo datos cuantificables de la realidad sino aprender a pensar soluciones para todo tipo de situaciones.

Cuando le damos a los niños solo conocimiento, les estamos diciendo qué pensar, lo que supuestamente deben conocer y lo que queremos que ellos crean como verdad.

Cuando les transmitimos sabiduría a los niños, no les estamos diciendo lo que deben pensar o lo que es verdad. Les decimos de este modo cómo hacer para encontrar su propia verdad.

Por supuesto, no podemos ignorar el conocimiento cuando enseñamos sabiduría, porque es necesario para armar una estructura de pensamiento. Una cierta cantidad de conocimiento debe pasar de una generación a la siguiente, pero debemos permitir que los niños la descubran por sí mismos.

El conocimiento con frecuencia se pierde, pero la capacidad intelectual, la gimnasia de pensar situaciones nunca se olvida.

Los viejos patrones de energía se basan en la creencia fundamental de que los niños son simples vasos vacíos que deben ser llenados de conocimiento por expertos, los profesores. Este viejo modelo utiliza además técnicas que implican el avergonzar y comparar a los estudiantes, con la errada y antigua idea de que eso les dará motivación. En esta atmósfera, cualquier niño que no encaja en el modelo es considerado un niño problemático.

El problema con este sistema es que los niños aprenden a suplir su necesidad de atención y reconocimiento de forma negativa.

¿Y si no es un niño índigo?

En muchos casos las madres tienen dudas y suelen preguntarse: ¿es mi hijo realmente un niño índigo?, ¿será que mi hijo es índigo?

En cuanto las madres conocen acerca de los niños índigo, pueden hacer una evaluación entre la conducta de sus niños y la que se describe como perteneciente a los niños índigo. En este caso es habitual y comprensible que surja la duda de si realmente su hijo lo es. Es lógico que todas quieran pensar en su hijo como un índigo.

Por el simple amor incondicional que les profesamos, queremos que nuestro niño sea el mejor de la clase, el más obediente, el más educado y agradable, admirado y simpático en las reuniones. Las mamás, cuando se congregan, hablan constantemente de las habilidades de sus retoños, de quién habló o caminó primero.

Y, con todos estos datos corroborados por la ciencia, en algunas reuniones de mamás de la actualidad la conversión suele girar acerca de si el niño de alguien es o no índigo.

Esta nueva actitud deja entrever la eterna comparación, que se transmite de generación en generación, de querer ver reflejados en nuestros hijos lo que nosotros no llegamos a ser o a hacer.

Por otra parte algunas madres muestran una gran preocupación porque sienten que no están preparadas para sobrellevar la demanda que conllevan implícitamente estos chicos especiales y porque no saben qué hacer con estas criaturas que se salen de lo normal y conocido.

Dentro de pocos años todos los niños del planeta van a actuar como si fueran índigo, todos asumirán su rol dentro de las generaciones de relevo que habrán de construir una nueva edad de oro.

En algunos años más será suficiente que un cierto número de niños presenten características especiales, para que en breve tiempo todos los niños se equiparen.

Les sucederá como a la mayoría de los niños que cuando presentan marcadas diferencias en el aprendizaje, en edades tempranas, logran más tarde equiparar destrezas y habilidades con muy leves diferencias.

De este modo, los índigo serán maestros y guías de los que no lo son.

Lo más importante es que todos los niños merecen ser tratados como tales, con respeto y dignidad y, en su justo valor, permitirles que resalten sus aptitudes, desarrollen su vocación y dejarlos ser.

Solo hay una manera universal y efectiva de interactuar con los niños, índigo o no, y es desde y con el amor. Educar sobre la base del amor y del respeto es algo que siempre dará resultado con los chicos, no importa el color de su aura. Solo se trata de que hay chicos que vienen predispuestos inicialmente con una carga genética especial, pero, en definitiva, no importa si nuestros niños son o no índigo, todo niño tiene un papel importante que desempeñar en el juego de la vida.

Los niños índigo no son una moda. Son una realidad que está obligando a cambiar nuestros sistemas de creencias y los esquemas de esta sociedad. Y para que ésta mejore.

Usemos entonces la cada vez más frecuente presencia de los índigo como algo positivo, para abrir nuestra cabeza y nuestros corazones. Que nuestro hijo no se sienta marginado, relegado por ese eterno juicio y comparaciones con que solemos vivir. Y no nos empobrezcamos más.

Aprovechemos la oportunidad que nos es presentada.

Cuestiones de salud

Existen duras disfunciones que a veces se asocian, en el diagnóstico, a las características de los índigo, que son: el Desorden de Déficit de Atención –ADD (Attention Deficit Disorder)– y Desorden Hiperactivo de Déficit de Atención –ADHD (Attention Deficit Hyperactive Disorder).

Los índigo son frecuente y erróneamente diagnosticados con ADHD o ADD porque tienen actitudes de rebeldía, independencia y se niegan a obedecer sin más, además de su desinterés en acoplarse a las viejas formas de enseñanza y atención.

De todos modos, es necesario que el diagnóstico de estas posibles alteraciones sea efectuado por un profesional competente. Es importante resaltar que no todos los niños índigo tienen ADD o ADHD, y que no todos los niños con ADD o ADHD son índigo.

El niño índigo es muy frecuentemente, dentro del marco escolar, diagnosticado como un niño con Déficit de Atención e Hiperactividad. Este diagnóstico comprende las características de hiperactividad, impulsividad y falta de atención.

Desde el punto de vista de las características del índigo en vez de hiperactividad solemos plantear que se trata de un niño dinámico, enérgico. En vez de estigmatizarlo con la idea de la impulsividad, valoramos la creatividad y la espontaneidad.

Etiquetarlos como "faltos de atención" no es más que un intento del sistema por disminuir su individualidad. Claro que el índigo puede concentrarse y sostener la atención pero solo en lo que es de su interés y como su capacidad cognitiva generalmente es altísima (con frecuencia manifestada en coeficientes intelectuales que puntean por encima de 130) se fastidia con facilidad, se aburre con lo repetitivo.

Su percepción multidimensional lo capacita para captar y procesar información de diferentes fuentes al mismo tiempo y responde mejor en ambientes donde pueda participar en proyectos o en sitios donde se maneje información múltiple y simultánea.

El elemento de novedad y creatividad es su aliado para prestar atención, e, inversamente, la rutina, la monotonía, son elementos que lo distraen y que le generan nerviosismo e hiperactividad, ya que no le permiten canalizar su energía creativa.

Si le permitimos ambientes que tengan centros de actividad, donde puedan tocar, armar, dibujar cosas, coleccionar, entrevistar a personas, actuar y vivenciar las clases, encontraremos niños que no mostrarán diferencias disminuidas en relación a niños "normales" sino que más bien los superarán. La cuestión está en el ambiente y en el abordaje del entorno, no en el niño.

Actualmente se ha vuelto una especie de moda, y una moda peligrosa, el "diagnosticarles" a los niños déficit de atención.

El ADHD existe, pero se presenta con muchísima menor frecuencia de lo "diagnosticado".

CÓMO DIFERENCIAR A LOS NIÑOS CON DDAH

CÓMO DIFERENCIAR A LOS NIÑOS CON DDAH

Cómo diferenciar a los niños con DDAH

En primer lugar: la medicina oficial no tiene una idea clara y precisa acerca de este trastorno, el Síndrome de Déficit de Atención e Hiperactividad, expresando que los neurotransmisores, que son las células neuronales, del sistema nervioso central, a nivel biológico tienen una disfuncionalidad, y que esta disfuncionalidad hace que el niño sea un auténtico torbellino, y que normalmente preguntando a mamá o papá, también ellos eran así en la infancia.

Por lo tanto, la hiperactividad no es algo de estos años, no es algo de hace poco, sino que es muy antigua. ¿Y qué pasaba antes con los niños hiperactivos? En realidad, nada serio, se consideraba que era un poco brusco en los juegos y con eso se cerraba, habitualmente, el asunto.

Hiperactivos ha habido siempre. Lo que pasa es que ahora es moderno llamarlo por su propio nombre: hiperactivo. Ahora los médicos los investigan ante la avalancha de preocupación de tantos padres y madres en tantos países que van a ver al profesional de la salud, ante tantos profesores y profesoras, maestros y maestras que se quejan de que los niños hiperactivos descontrolan a los demás, que están más adaptados.

Por lo tanto, tampoco se trata de algo grave si descubrimos que en vez de índigo nuestro niño es hiperactivo. Es algo que puede comprenderse, tratarse y solucionarse. Pero es conveniente prestar atención a las posibles diferencias, para no caer en pronósticos errados.

La energía

Hasta ahora hemos visto que el niño índigo tiene un nivel de energía tremendo, pero no durante todo el tiempo, porque hay veces, cuando su atención está concentrada en un punto, que funciona con concentración y focalización de su deseo.

En cambio, el hiperactivo tiene una energía que le desborda permanentemente. Se mueve compulsivamente hasta mientras duerme.

El hiperactivo no se concentra casi nunca en la clase o en una tarea que se le ha encargado; el índigo en cambio sí se sabe concentrar, siempre y cuando se le hayan presentado las cosas de una manera atractiva y estimulante. Si es creatividad participativa, aún más.

La atención

El hiperactivo demanda atención continuamente pero, a la vez, no presta atención. El índigo necesita ser escuchado, demanda atención porque necesita ser escuchado, porque en algún nivel de su corazoncito, él sabe que es especial. Lo sabe, por lo tanto necesita ser escuchado. Es diferente, como hemos visto. Debe ser escuchado con paciencia y amor.

El hiperactivo demanda atención pero no escucha, está en un mundo acelerado y privado. De vez en cuando nota que está acompañado, pero es como si viviera en otra realidad. No puede compartir la compañía. También puede ser diagnosticado como con "rasgos psicóticos", pero no es un psicótico; "con rasgos autistas", y no es un autista: reacciona muy bien. El hiperactivo que no es índigo reacciona muy bien al amor, a los cuidados, a la atención; a lo que no reacciona es a la queja, no habla; va de cabeza a otra actividad. En cambio, el índigo ante una situación de imposibilidad se frustra y se marchita. Su sensibilidad está ante todo. El índigo necesita ser escuchado, y por eso demanda atención. No es lo mismo que necesitar compañía.

La agresividad

El nivel de agresividad en el hiperactivo es involuntariamente alto: él es una mole de movimiento, parece violento y desinteresado del sentir ajeno o del daño que pudiera causar, pero en realidad lo que sucede es que tiene problemas psicomotrices, y no controla bien el espacio; parece que no es compasivo, porque no es consciente de que hace daño a los demás.

El índigo actúa con compasión, desde pequeñitos; no son combativos, ceden sus juguetes, son (en términos generales, porque hay excepciones por supuesto) y actúan con mucha compasión, aún tratándose de niños de corta edad.

La expresión verbal

El índigo en muchos casos tarda en empezar a hablar, pero cuando habla, habla ya fluida y correctamente frases enteras, aunque en algunos casos son muy precoces para ingresar al mundo de las palabras.

El hiperactivo habla a trompicones, no se le entiende, habla frases cortas, habitualmente solo es comprendido por la gente de su entorno más íntimo, alguien que pueda ejercer como traductor. Además confunde los tiempos y los modos: puede hablar en indicativo o en subjuntivo: "cuando he venido comeré". Denota una cierta falta de coherencia y de conexión con las realidades temporales y espaciales.

En cambio el índigo expresa bien sus emociones, sus sentimientos, sus enojos, con una claridad que a veces asusta a los padres.

La autoestima

El índigo, como ya vimos, tiene un alto nivel de autoestima; son como pequeños aristócratas, pero con una base, a la vez, democrática y de respeto por los demás. Por supuesto que esto viene con la dosis de vulnerabilidad que tiene todo niño.

El hiperactivo es consciente de que algo pasa, algo ocurre: "nadie quiere jugar conmigo, no me invitan a los cumpleaños". A veces, por su carácter agresivo, los chicos hiperactivos son rechazados, lo que les genera un gran dolor. Es recomendable acá que los padres intenten hacer integrar a sus hijos con los demás niños, adiestrándolos en juegos participativos.

La resistencia física

El índigo no suele enfermarse nunca. Y además, si se hace una herida o una fractura en el pie, en la pierna, en el brazo, se cura de una manera mucho más rápida, sin que los médicos acierten a explicarse muy bien cómo.

El hiperactivo suele tener asma, alergias, suele tener gripes y enfermedades de tipo viral y respiratorias. Pero, fundamentalmente, son propensos a enfermedades de tipo psicosomático, como asma y alergias.

La madurez

Desde pequeños los índigo parecen ser una suerte de "adultos sabios". Si estamos bajo los ojos de un índigo tenemos la sensación de ser mirados por alguien que conoce nuestra alma. Esto es desde la cuna, y cuando empiezan a hablar tienen un comportamiento muy maduro. Por supuesto son niños y pueden hacer cualquier travesura, pero siempre dentro de determinados límites planteados por su propio ser.

El hiperactivo se suele comportar de manera caprichosa, como un bebé, aunque ya tenga seis, u ocho años. Y les cuesta a veces hacer preguntas claras y concretas a los adultos de su entorno.

La medicación

El hiperactivo reacciona a la medicación.

El índigo no suele reaccionar a la medicación, no le va la medicina alopática o los fármacos tradicionales.

El nivel de protección

El hiperactivo no sabe cuidar las cosas de su entorno, rompe las plantas, le pisa la cola al perro demasiadas veces, aunque quiera mucho al perro y no quiera lastimarlo adrede.

El índigo tiene una antena especial para saber que el perro está ahí, hasta en la oscuridad. El índigo quiere tener sus propias plantas, sus propios minerales; cuidan de sus minerales. Les atraen normalmente los cuarzos rosas, los cuarzos transparentes, las amatistas. Aman a la naturaleza, y a todos los seres, grandes y pequeños, que la integran.

Necesidad de azúcar

El hiperactivo es un goloso nato: le encantan las golosinas. El hiperactivo come más por los ojos.

Los niños índigo, en cambio, no sienten tanto apego por las cosas industrialmente dulces y suelen ser vegetarianos, por amor a los animales.

Las condiciones espirituales

El niño índigo tiene aptitudes espirituales, le interesa el Yoga, el Reiki y otras cuestiones de imposición de manos; le interesan las terapias alternativas, la musicoterapia, la música nueva era, la musicosofía, e incluso le interesan los cristales y los minerales. Incluso tiene una sensación de disfrute en la relajación: suele encantarles que les den masajes.

El hiperactivo se cansa, y sin embargo reacciona bien a terapias alternativas, a la acupuntura, digitopuntura, acupresión, y a las Flores de Bach y todas las terapias florales.

La psicomotricidad

A nivel psicomotor, la psicomotricidad en el hiperactivo es problemática. No controla bien ni siquiera su propio cuerpo. El niño hiperactivo no parece percibir totalmente los cambios que el crecimiento imprime en su cuerpo, y tropieza, se cae al correr, se le enredan los pies, etc.

En cambio, el índigo desde muy pequeñito tiene una gran capacidad de controlar el espacio que ocupa su cuerpo y un perfecto dominio del mismo (sobre todo si mamá y papá le apoyan). Le encanta jugar debajo de las sillas, debajo de las mesas y controla muy bien el espacio. Al índigo le encanta crearse espacios, construir casitas donde sienten que su aura está protegida.

El hiperactivo necesita actividad; el índigo también, pero de otro tipo, y puede estar debajo de su casita de tela durante mucho tiempo.

Las situaciones nuevas

Ante las situaciones nuevas, el hiperactivo se descontrola más todavía, se desborda, se sobreexcita; el índigo observa, disfruta, hace preguntas, aprende, se la pasa bien. El índigo, por muy pequeño que sea, no es un extraño en el mundo de los adultos, no extraña. Los adultos son seres a veces más inmaduros que él, y a veces le inspiran compasión.

El comportamiento social

Socialmente el índigo es respetuoso y amable, y el hiperactivo es un torbellino. Le cuesta mirar a los ojos de quien le habla, y hay que estar dándole frases cortas.

El niño hiperactivo necesita frases cortas, repetitivas, premios y autoridad amorosa. Algo concreto y nunca ceder, porque el hiperactivo es muy dado a los berrinches y caprichos.

Ante las pérdidas irreparables

Ante una pérdida, el hiperactivo parece no poder "hacerse cargo" muy bien del tema, parece evadirlo, como siempre está en la acción, a lo mejor algún día pregunta: "¿Y el abuelito dónde se ha ido?". "El abuelito ha muerto". "¿Y cuando va a volver?". Y a los tres o cuatro meses: "¿Cuándo me dijiste que iba a volver el abuelito?". Y esto se repite hasta que va creciendo y pudiendo entender. Su mente parece atemporal y parece que le resulta complicado entender conceptos abstractos.

El índigo también tiene una mente bastante atemporal, pero por su especial sensibilidad sabe que nacer es morir a otra realidad, y que morir aquí es nacer a otra realidad allí. De alguna manera lo sabe. Hasta puede generarnos escalofríos al decirnos: "El abuelito se ha ido en cuerpo, pero yo lo siento, yo lo veo, viene a mi habitación".

La necesidad de amor y de cuidados

El hiperactivo está demandando continuamente amor y cuidados, porque el amor es su base de sustentación, necesaria para madurar. Necesitan todo el tiempo reafirmar que son amados y que están siendo protegidos.

Por supuesto, el índigo necesita también de nuestro amor, como todo niño. Pero necesita claramente que haya una conexión especial, que él sienta una especial vibración en el vínculo, de lo contrario, se desinteresa. Como ya lo hemos puntuado en otros ítems, el índigo necesita ser escuchado, respetado y desde allí amado y cuidado.

La temeridad

El chico índigo es en general prudente y sensato (lo que no implica que cada tanto cometa travesuras, como cualquier niño).

En cambio el hiperactivo no tiene ningún sentido del peligro, lo que lo hace comportarse de manera temeraria y requiere que extrememos los cuidados sobre él.

Los juegos

Los juegos de los índigo suelen ser participativos; no competitivos, no agresivos, aunque pueden gustar de juegos de video que son potencialmente agresivos, porque desde muy jóvenes pueden distinguir muy claramente la realidad virtual de la efectiva. Reconocen perfectamente el carácter simbólico de los juegos.

En los hiperactivos, en cambio, a veces pueden generarse problemas porque no saben distinguir a hasta qué punto un juego es un juego y cuándo deja de ser tal.

Los miedos

Casi todos los niños índigo sienten miedo a la oscuridad, aunque, frecuentemente, este miedo solo es expresado por una pequeña parte de los niños, la otra parte es demasiado tímida como para aceptarlo pero lo sufren igual.

En realidad, el temor de los índigo es a su propia energía y a su propio poder iluminador. Claro que, al ser pequeños, no pueden planteárselo así y lo piensan en términos decodificables para una cabeza infantil.

En el hiperactivo, en cambio, el miedo a la oscuridad se debe a una exacerbada necesidad de compañía.

La obediencia

Para que un índigo obedezca necesita conocer las razones, el por qué debe hacer tal o cual cosa, de otro modo se manifestará rebelde y cuestionará nuestra actitud como autoritaria.

Para que un hiperactivo obedezca solo necesita paciencia y órdenes cortas, concretas y repetitivas.